꽃을 번역하는 저녁

김정애 시집

문학의전당 시인선
0260

꽃을 번역하는 저녁

김정애 시집

문학의전당

시인의 말

깁스를 하고 지낼 때가 있었다.
보조기를 차고 목발을 짚고 다닐 때가 있었다.
깁스만 풀게 된다면,
보조기 없이 걸을 수만 있다면,
기도한 적 있다.

다시 걷게 되었고

이 순간에도
걸을 수만 있다면
볼 수만 있다면
만질 수만 있다면 기도하는 이를 생각한다.
그들의 소원을 모두 가진 나는
받아 적기만 했다.
묶기만 했다.

덕분이다.

2017년 6월
김정애

차례

제2부

제3부

제4부

제1부

골목 한 송이

금 간 유리창을 찾아갔다
봄이었다
풋내 나는 세레나데가 피어 있고
돌담길 앵두나무 아래 파묻은 고백이 있고
한 송이 꽃이었던 창

"골목상권 다 죽는다"

양방향을 감고 도는 세상에도
굳게 닫힌 창문이 있고
창문을 향해 던질 돌팔매가 있고
죽자죽자 함께 죽자
외쳐대는 세레나데가 있다

금 간 유리창이 피어 있고

봄이었다

꽃을 번역하는 저녁

철거라는 꽃이 그들을 붙들었다
피 냄새가 살고 있는 세상을 돌아
어둠이 된 몸을 끌고 철거촌에서 저물었다
힐긋거리는 세상의 시선들은
비뚤어진 쓰레기통에 쑤셔 박고
최초의 집이라도 되는 듯 두 발을 뻗어보는데
죽음이란 놈이 먼저 와서 꽃을 번역하고 있다
길길이 날뛰던 아내도
무뎌진 발톱과
속울음까지 닮아 있는
길고양이들의 문패를 만져보면서
낯설지 않는 이름들을 끼워 넣는다
검둥이 삼색이 영식이 영철이
85호 크레인보다 높은 잠
마음이 한 움큼씩 뽑혀 나오는 잠
하늘을 조몰락거리면서 아파트 시세를 향해 부채질하는
저녁
도시의 잉여존재로 남겨진 그들은

정책이 피워낸 꽃의 말을 해독하지 못하고
자세가 흐트러지길 끈질기게 기다리는 청기와 앞에서
꼿꼿한 감정의 페이지를 번역하고 있다
죽음이란 말도 어쩌지 못하는
붉은 스프레이의 꽃잎을 탐독하려 한다.

산동 산 똥, 산수유

겨울잠 끝낸 마을에서 젖내가 난다
꽃샘이 다녀간 날에는 배내똥이 널리기도 한다
이장네 젖먹이 송아지와
노인들이 골골거리는 산골에
한겨울 눈발처럼 애기 똥이 피어난다

꽃이 피어나는 산동으로 사람들이 몰려든다
꽉 막힌 변비증 같은 일상이라든가
꼼짝 않는 승진 줄이라든가
뒤엉킨 도로까지 한꺼번에 달려든다

노인이 담장을 허물고
변기를 늘리는 사이 송아지는 젖을 빨고 있다
산이 수유하는 자세로 그늘을 넓혀갈 때
사람들은 엉덩이를 깔고 앉아
밤의 해변에서 혼자서 베를린을 흔들었다는 여우주연상의
똥과
세월의 환풍기 밑에서 입을 닫고 있는 아시아 나라의 여대

통령 똥과

한번 올라가면 내려갈 줄 모르는 장바구니 똥을 싸질러댄다
내 것 네 것 경계 없이 어우러진 똥,

배설도 자유에 들면 향기를 풍기는가
앵글을 당겨서 산똥을 바라본다
바지에 밑창 내고
뭉텅 뭉텅 피어나는 사람을 본다
눈치에 갇혀서 누렇게 뜬 구름이
초유 같은 단내를 찾아
산동으로 몰려온다

바퀴의 거처

자동차는 달린다, 라는 공식은 편견이다
새벽시장에 멈춰 있는 트럭에는
채널이 떨어져 나간 흑백텔레비전과
양은 실밥이 터진 밥상
초도군도가 그려진 이부자리가 펼쳐져 있다
철새보다 앞질러 추위 속으로 날아야 하는 가장은
자동차에 날개가 쉴 수 있는 요람을 마련해놓았다
언 발을 녹이는 흑두루미 가족의 시간
터를 닦아 오두막이라도 한 칸 올렸으면 싶은데
텃새들의 비아냥거림 때문에 텅 빈 바퀴를 돌려야 했다
불면을 다스리던 어둠이 검붉은 입술에게 겨울바람을 읽어줄 때
한류 속도만큼 몸이 닳은 바퀴는
노숙하던 구름들이 상한 몸으로 추방되었다는 소식을 실어 오기도 했다
닷새 전 그 자리에 멈춰 서서
몇 번 눈을 감았다 뜨는 사이
밥이 끓고 이부자리가 펼쳐진다

서투른 언어 밖으로 떠돌았던 바퀴를 세워두고
밥상 앞에 둘러앉을 때
무 배추를 팔던 클라우디아는
술청 속에서 눈물을 찍어 나르던 수향이라는 가명을 찢고
한 번도 건드려본 적 없는 전쟁 같은 잠을 청하기로 한다

무늬만

바다가 펼쳐 보이는 갯벌을 보듬고
남해안 깊숙이 들어앉았다
꼬막 몇 개 집어 드는데
뻘이 입 안으로 걸어 들어온다

70평 뉴타운 아파트에는
눈빛 한번 섞이지 않는
무늬만
무늬만
부부로 살아가는 사람들이 있다는데

여자만(汝自灣)에는 여자가 살지 않는다
널배*에 하루를 묻고
손톱에 갯물을 들이고 사는
억척의 삶이 있다

누가 나를 툭 치고 지나간다
생의 널배라도 한 척 스쳤는지

재빨리
몸을 바꾸는
무늬들

뒤돌아다보는 내가 문득 낯설다

---

* 널배: 갯벌에서 작업할 때 쓰이는 스키 모양의 널빤지.

봄비는 무언가를

바닷가 빗소리는 바다를 닮는다
빗소리 곁의 바다는 빗소리를 닮는다

동백 송이들이
아직 피기도 전에 져버렸다

때가 안 된 죽음의 풍경은 모두
슬픔에게로 가 닮는다

현기증이 이는 수면 아래를
이제 막 올라선 해녀의 잠수복에도
바다가 물기에 젖어서 번들거린다

한동안, 바다 이야기 속에서 지냈다
4월의 바다 팽목항의 바다 수학여행의 바다

물 기척 일렁이는 푸른 사연들
목숨까지 닿아 있는 수심 이야기는

경건함까지 닮아 있다

봄비는 무언가를 알고 있다는 듯
수긍할 수 없는 일들이 삶에는 있다는 듯
제 몸을 쳐서 바다로 가 닮는다

시들지 않은 꽃

—평화의 소녀상 앞에서

캄캄한 나라가 꽃을 먹는다
한 송이
두 송이
한꺼번에 수백 송이를 먹어치운다

보름달 같은 꿈을 거느리고
나물 캐러 다니던 열네 살 꽃송이들

적국에게 몸을 바치라니요

나라를 빼앗겼다는 죄목 아래
스스럼없이 자행되었던 만행들
군홧발 아래서 아리랑을 부르고
무궁화 삼천리 마르고 닳도록 외쳐보지만
지울 수 없는 것은 나라를 빼앗겼다는 것
진달래가 만발하고 눈꽃이 시들 때도
군홧발의 횟수는 줄어들지 않고
단도의 끝은 날카롭게 변해 갔으니

죽는 것이 애국이라는 말을 뒤꿈치로 눌러 삼키면서도
시들지 못한 꽃이 있었으니

역사 속에서 다시 피어나는 소녀들이 있었으니

삽의 노래

누대의 가계(家系)를 강 언저리에 풀어놓고
계절의 다스림을 받고 살던 노인은
혈관이 막힐 거라는 소문을 건네 들은 뒤로는
차마 삽을 들지 못하였다

강을 퍼 올려 바닥을 뭉개고
바닥을 뭉개서
다시 강을 살리겠다는 헛수작의 풍문 곁으로

가끔 소나기가 갯버들 줄기를 흔들고
꽃의 안부를 실어 오지만
도끼에 찍힌 발등 같은 심경이나 들여다볼 뿐이다

측량할 수 없는 세월 속에는
벽화로나 새겨진 장엄의 흔적이 도처에 쌓여 있는데
포클레인 따위로 밀어붙이려 드는
얄팍한 다스림에 무르팍이 사뭇 떨려오기도 한다

삽을 씻으러 내려가곤 하였던 강물 곁을
제방이 막아서려 든다

노인은 삽을 강물 속으로 던져버렸다
자신을 멀리하려는 강물이 미웠던 것이다

붉은 목련

닭 삼십만 마리가 살처분되고
갓 부화한 오리 사십만 마리가 구덩이로 밀쳐졌다
피비린내 나는 풍경에 눈을 베인 목련은 아직 잎을 내지 못하고
가지 끝 꽃자리가 젖멍울처럼 쓰라려 온다

봄을 끌어당기는 비가
한사코 다녀가고
흙도 눈물을 흘린다는 사실을 알게 해주었다
오리구름들이 뒤뚱거리면서 황혼을 지나간다

목련이 하나 둘 꽃을 내기 시작하였다
허공에 마음을 올려놓고 귀를 열어서
영문도 모른 채 따라간 닭 울음을 추억해준다

한 잎에서 만 개의 눈을 끄집어내고
가지마다 젖멍울을 피워 올려도
구덩이 안에 잠든 울음을 덮어주지는 못하였다

꽃의 부리는 먼 곳을 향해 열려 있다
붉은 꽃잎이 죽음으로 져서 쌓이는
살아온 날들 중에서 가장 아픈 봄이
저만치에서 피고 있다

단단한 혀

가벼운 혀는 말을 만들지 못한다

열대야를 달구는 한 노인의 이십구만 원 정체는
창고에 꼬라박아 두었던 고가 미술품보다도
해외로 도망나간 조세피난보다도
말을 제대로 풀지 못한 혀 때문이었다
거짓 같은 사실이 어설픈 청문회 끝에서 밝혀지기도 하였지만
그러그러한 어처구니들이 바른 입을 맞서기도 할 때
여물지 않는 혀 탓으로 돌리기엔 입이 너무 두꺼웠다

가슴에 살고 있는 뜨거운 것을
입에서 입으로 풀어내는 세계의 아리랑과

칠백 년 동안 다물었던 입을 연 아라홍련과

돌담길 앵두나무 아래 파묻은 고향의 태말과

베갯머리를 적시는 모국어들이
단단한 경전으로 태어날 때

운주사 와불이 영겁을 살고 있는 것은
돌로 된 혀 때문이다

끈

형틀을 빠져 나오는
가래떡 같이 미끈한 시간에게도
시작과 끝이 있었던 것처럼

엉성하게 걸쳐놓은 거미줄 위에서도
기다림 뒤에야 얻어지는
하루치의 양식

맹인 악사가 품에 안고
추억과 같이 뜯고 있는 낡아빠진 현과

무료급식소 앞에 늘어선
고단한 한 끼의 간곡함 위로도

수심 40m를 오르내리는 동안
산소통 속의 줄어드는 공기의 무게

새벽을 여는 연평도 꽃게들이

총구 늘어선 북방한계선에서도 물마루를 넘는 꿈을 꾸는

슬프거나 아름다운 풍경이 되는 것들에게는
지나고 나면 제 목숨 길을 걸어가는
끈과 같았더라는

아빠에게 저녁이 있었더라면

저녁이 밝을 필요는 없었다

아빠라는 이름과
근로계약서에 빌려준 손가락을 가져오고 싶을 때
달이 둥글 필요는 없었다

동공에 들어앉은 가을 하늘
시골 장터를 베개 삼아
구름의 등이나 밀어주면서
슬픔을 만들어 울고 싶을 때
달이 밝을 필요는 없었다

스마트에 저장된 스케줄과
비밀번호까지 깡그리 지워버리고
처음 만난 사람과
허물없이 취하고 싶을 때
달이 환할 필요는 없었다

빛을 버린 달의 마음과
마음을 향한 길들이
밥상의 둥근 반찬으로 올라도 좋을

갓길 같은 저녁이 있었더라면

손으로 부르는 우리 가락

제정화 명창이 우리 가락을 부를 때
석창우 화백은 꿈을 그리기 시작한다
감전사고로 두 팔을 잃고
세상이 온통 먹물이었다고 말할 틈 없이
추임새가 흘러나온다
의수(義手) 갈고리에 끼워진 붓으로
먹물을 묻힐 때
눈물이 번지기도 한다
한 획을 긋기 위해
절망을 잘라내기 위해
몇 통의 먹물을 쏟아냈을까
몇 통의 먹물로 번졌을까
번진다는 건 스민다는 또 다른 말

중모리 장단은 중중모리로 바뀌고
흥부는 박을 타고
아이를 낳고 또 낳고
먹물은 웃음으로 번진다

얼씨구 지화자
어깨가 올라가고 붓이 꿈틀댄다
흥부는 고래 등 같은 기와집에서 아침을 먹고
심 봉사가 눈을 뜨고
닭아 닭아 울지 마라 애원하던 춘향이 앞에
암행어사 출도야, 외쳐대는 의수(義手) 화백
세상을 품고 있는 우리 님은
세월호도 사스도 물대포도 없는 꿈속으로
우리 가락을 쉴 새 없이 그려대는데, 얼쑤
울다 웃다
덩실덩실
흥이 번진다
손등 발등
앞 섶 뒤 섶
목청 속 깊은 거기에도, 꿈이 스민다

뜨거워지려는 순간에는

가슴살이 데이도록
뜨거워지려는 순간에는
화염에 휩싸인 눈부신 그대가 어룽대곤 한다

사과나무에 심장을 하나 만들어놓고
피가 돌기를 기다리는 다저녁때가 내겐 있다

새 울음소릴 받아 적는
손끝 떨림을 죽도록 사랑하고 싶다

강물은 흘러가면서 무슨 생각이라도 있는 걸까
함부로 얼굴을 보여주지 않는
너무 멀고도 더딘 순금의 정신

죽음으로 완성되는 한 편의 詩가 있다면
불꽃의 혀로 데이고 싶다
굳게 껴안은 손목도 풀지 않고

제2부

벚꽃이 십리를 걸어 나올 때

곁가지로 태어난 내가 그래도 꽃일 수 있었던 건 쌍계사 돌문에 기댄 채 계절을 다스리는 고목 때문이었다. 전라도에 뿌리를 둔 가지는 쏟아버릴 게 많았던 젊은 날 도계(道界)를 넘어가는 강물에 몸을 싣지 못하고 멀어져 가는 물소리를 당겨서 연분홍으로 피어나고 싶어 했다. 강물은 가지의 생각을 어루만지면서 떠나가고 오래된 나무는 일상 같은 시공 속으로 추억에 젖은 눈을 꺼내들기도 한다. 메마른 눈시울을 화들짝 틔어주는 꽃잎은 그리움 쪽으로 휘날리고 잔뜩 움츠린 곁가지 옆에서 방향도 없는 웃음을 왈칵왈칵 토해내기도 한다. 강물이 물돌과 벗하면서 봄을 밀어 올리듯 가지는 뿌리를 십리 밖이나 그대로 둔 채 몸을 열기 시작한다.

고로쇠 옆구리

뚫어야만 다스려지는 상처가 있다
뭉툭한 옆구리에 핏물을 가두고
거친 호흡으로 살아가던 나무가
잎사귀의 언어로 조용히 말을 걸어올 때
꿈의 밑동에서 올라오는 것이 있었다
세상에 저문 울음들을 끌어안고
복수(腹水)를 다스리는 노모의 시간

살갗 밑으로 가는 뿌리가 자라나고
산을 들어 올릴 듯 무거워진 몸으로
때론,
내 것의 체취도 조금은 빼내고 살자며 옆구리를 들춘다
콸콸콸 쏟아내는 물속에는
어머니의 깊은 한숨과 불면의 시간들이 우러나 있고
혈관을 따라 울려 퍼지는 피의 음악이 스며 있어
꿀떡 삼킬 순간을 놓치고 숲에 안겨본다
바람을 휘저으며 폭포를 향해 뻗어가던 기상과
쇳물을 다스리는 철의 여인 같던 고집이

명치 한복판을 뚫고 뼈의 무늬로 흐르고 있다
우글거리는 잎사귀를 향하여
응달을 다스리고 있다.

구름의 동행

닿지 않는 곳의 이름이었다
꿈의 봉우리는 늘 그곳에 있어
바닥의 바퀴로는 쉽게 오르지 못한다
언제부터인가 나에게는 숲속을 걷는 버릇이 생겨났다
가끔 일몰의 시간이 까닭 없이 선연했던 이유는
마음에 멍이 깊어 있었거나, 아무도 동행하여 주지 않았다는 것만으로
어둠의 한 점에 오래 주목하여 보았거나
들여다본 적이 있다
바람의 꽁무니는 어디를 향해 말을 걸기도 하였던가
여름의 끝이 잔인하다는 걸 그나마 눈치챌 수 있었던 것은
구름의 나이가 헤아려지기도 하던 무렵이었을 것이다
억새 위에 앉아 있던 고추잠자리가
눈 속에 괜한 물기를 머금었다
너도 아직 떠나온 곳을 모른다
단지 구름이 몇 번인가 몸을 바꾸었다는 것
나는 사람의 발로서 이룬 길을 가고
고추잠자리는 제가 만드는 허공의 길을 난다

난다, 라는 말이
너에게선 그다지 불가피하지 않을 수도 있었다
이 중턱 어딘가엔
하루만 피었다가 지는 꽃들이 있었을 수도,
하지만 나는 내가 데리고 왔던 꼭 그만큼의 곳으로 다시
돌아서 가야 하고
너는 날아갈 것이다
허공이란 말도
이제 우리가 이미 걸어버렸거나 걸어서 닿고 싶었던
봉우리, 저편의 길이었을지도 모른다

전어

귀퉁이가 오그라든 양철 밥상에 천정의 불빛이 흐릿하다
딱딱한 밥알 옆에 자리 잡은 바싹 마른 전어 한 마리
창밖을 지나가는 바람이 비늘을 들추려다
만다

아버지는 대가리부터 와작 씹는다
어금니가 있어야 할 자리에 가시가 박혔는지
꿀떡 삼킬 순간을 놓쳤는지
불편한 기색이 느린 숟가락 놀림으로 얼버무려진다

논두렁에서 시작된 가락이 바다를 건너려 한다
절반 무렵에서 꼭 얹히는 당신의 타령 반타작
몇 달째 밀렸다는 하역꾼 품삯과
거름으로도 쓰이지 못할 빚덩이가
줄줄이 사탕으로 엮여져 그 안에서 똬리를 틀었다
후렴구가 꼬리를 흔들며 얼굴을 내미는
석양
스스로 변형조가 되어

밭두렁 지나 간조의 물때 사이에서 떠돈다

허기 같은 하루가 아가미를 닫지 못한다
십사 인치 텔레비전 안에서
하필, 뼈를 드러낸 전어의 살점을 포크로 찍어 먹고 있다

젓가락 끝을 맞추려는지 탕 탕 탕
아버지의 밥상 모서리에서 양철북 소리가 난다

뿔

아버지 등에는 나이테 선명한 뿔이 살고 있다

뿔은 아버지의 역사
그의 영광이자 노역의 영수증 같기도 한,

아버지가 아니라도
누구에게나 제 몸 어딘가엔 뿔 하나씩 돋아 있다

진부장 소싸움 대회에서 패하고 나오는 금이 간
뿔

다세대 주택에서 일어난 불길을 잡다가 쓰러진
어느 소방관 팔뚝의 푸른 힘줄을 닮은
뿔

마라톤 벌판에서 숨진 병사의 손에 쥐어진
이 빠진 칼자루 위에 눌어붙은 녹과 같은
뿔

혹은, 김수환 추기경의 법정 비구의 바보 미소와도 흡사한
뿔

아버지 지게에는
두 개의 뿔이 윤을 내며 반짝이고 있다.

섬진강 울음소리

강물 소리가 누추한 밥상 위로 올라앉는다
앞마당 뒷마당 바글거리는 햇살들
거침없이 웃고 있는 자운영
재첩 한 그릇에 삼대가 둘러앉았다
두 갈래였다가 세 갈래였다가
다시 한 몸으로 흐르는 섬진강
젊음은 강물에 흘려보내고
종아리 붉어지도록 재첩을 캔다
민물 짠물 합쳐지면서 터를 닦는 강
지리산이 쩌렁쩌렁 울리도록 깊어지는 강
버들강아지 노오란 꽃술 터지듯
아랫도리 붉어지고
물 나비 넌출 넌출 허리를 굽힌다
앞집 뒷집 재첩이 끓는다
섬진강은 끓다 말고
삼대가 둘러앉은 밥상 위로 올라앉는다

소금꽃

간이 밴 일상을 벗고

무등산으로 걸어들어 간다

헐떡거리며

헐떡거리며
서석대로 향해 갈 때

아버지
아버지
허리에 피어나는 꽃

꽃 비린내

남해는 그때 바다가 아니었다

울음 곁에 생을 걸어놓고
젊은 꽃들을 먹어치우는 바다를 보면서
자본주의를 보면서
시퍼런 혀의 안쪽이 두렵기도 했다

한 명
두 명
백 명, 백한 명

모든 바다가 비워질 때까지
마르지 않던 아버지 눈물
자식이 피우지 못한 어린 꿈을 데리고
캄캄한 혀의 내부로 들어가
세월이라도 늘렸으면 싶다가도

꽉 다문 바다의 입술을

허공 가득
시방 가득
배를 뒤집히도록 풍겨오는 비린내를
저세상에서 건너오는 향기로 읽기로 했다
꽃의 안부로 읽기로 했다

백야 나룻배

어디 갔을까
한 배 타고 다녔던 파도 소리, 천지간에
해가 솟고 갈매기 날고 다시 잠기는데
개펄 위에서 졸고 있는 신발 한 척,
뻘 구멍에서 게들이 기어 나오고
실눈 뜨듯 계절이 열리면
섬사람 뭍사람
갯일 갈 때 마실 갈 때
층층이 신고 다닌 신발이었다
짠내 나는 신발
퇴적층 저 밑바닥에서부터 붙여진
나룻배라는 이름을 꺼내 들고
제 속을 헤집는다
그들은 알고 있을까
섬을 향할 때나
뭍을 향할 때나
그리움 앞세우고 다녔다는 것을
섬도 뭍도 아닌 그가

섬을 건네주고 뭍을 건네주는 길이 되고 싶었다는 것을
지느러미 뭉툭해지도록 길이 되고 있었다는 것을

대화의 색채

둥
둥 둥
둥 둥 둥
이마를 맞대고
끄덕끄덕
서로 눈빛을 주고받는다
무대를 돌면서 세상을 흔들면서
상쇠는 큰 원을 만들며 말을 걸어온다

두 귀를 닫고 살 때가 있다
눈빛 한번 섞지 않고 밥을 밀어 넣을 때
바쁘다는 핑계만큼 좋은 반찬은 없다
눈물마저 슬픔의 언어가 되지 못하고
캄캄하게 닫혀 있을 때

난타의 목청은
폐사지에서 들려오는 목탁 소리가 되었다가
히말라야 산맥을 넘어오는 만년설의 폭풍이 되었다가

불면의 밤을 다독이는 어머니의 자장가가 되기도 한다
오감을 뚫고 들어온 추임새가
신명이 되었다가 눈물이 되었다가
귓바퀴에 쌓인 먼지를 털어낼 때

둥
둥 둥
둥 둥 둥
지뢰가 걷히고 만국기가 펄럭이고
떨어질 줄 모르는 한 덩이가 된다

가족

한 생각을 품고 모여들기 시작했다

흉중에서 흘러나온
트럼펫 만다라 색소폰 목청이
섞이기 시작한다

소리의 손이 뻗어 나와
고단한 어깨 위에 얹혀질 때
우리가 딛고 온 '험한 세상의 다리' 아래로
강물은 소리 없이 흘러간다

옥타브를 넘어 솟구쳤다가
저음을 타면서 편안해지던 음률의 순간
눈빛이 닮아버렸음을 헤아린다

닮았다는 말에는
촉촉한 물기가 배어 있다

외로움을 지배하는 어둠이 깔리자
하늘에선 하나 둘, 하나 둘 화음이 쏟아진다
별의 눈빛도 어딘지 초롱초롱 닮아 있다.

날숨을 조율하다

잔광에 서린 습기가 마지막 들숨을 조율한다
세상의 모든 낙서마저 제 윤기를 거두고
쥐오줌꽃을 피운 마루 위로 찬바람 자락이 스친다
붉은 볕으로 타올랐던 시간을 견뎌보는 사이
초침이 내일을 향해 서 있을 때
관 뚜껑에 못을 박듯
쾅쾅 나를 걸어 잠그고 그 속으로 걸어들어 간다
굳게 닫힌 눈동자 속으로
숲길이 따라 들어오고
미처 풀지 못한 생각이
캄캄한 내부에 가득 찬다
막막한 눈시울에 간이역을 짓기도 하고
견딜 수 없는 외로움을 껴안고
꽃밭의 향기와 숲길로 깊어지려 할 때

전화벨이 울리고
현관이 들썩거리고
바닥을 치고 올라오는 빗소리까지

나를 잡고 흔든다
외인출입금지구역에서조차 온전한 내가 되지 못하고
당도하지 않는 근심에 끌려 다닌다
젖멍울 돋게 했던 그리움은
오랜 그리움으로 멀어지고
외인출입(外人出入)으로 날숨을 조율한다

폐선

징소리가 살아나고 풍어제가 시작된다

나는 바다 끝으로 밀려나서 삭은 그물코에 엉켜 있지만
아직 놓을 수 없는 바다
먼 길 돌아온 갈매기가 잔물결 사이로 내려앉는다

어족들이 창고에 넘쳐 만선으로 귀항할 땐
해안선이 먼저 알고 팽팽해졌다

다시 출항을 서두르려 했지만
낡은 생의 자취가 말뚝에 묶인 채 숨을 놓으라 하네
비린내 살아나는 관절과
삭지 않은 정신이 수평선을 당길 뿐

징소리는 신명조로 바뀌면서 바다를 위무하고
세상을 돌다 온 바람이 고물의 깃발을 흔든다

나를 떠나보낸 바다

고요보다 먼 곳을 향해 눈을 감으려 할 때
짠 물결로 푸르러지는 추억의 바다로 눕고 싶어진다

바람을 넘기다

노인이 억새 몸을 빌려서
자신만의 설움을 씹고 있다

몇 올 남지 않는 머리털
가을바람에 날려 보내고

물컹하게 잡히는 어둠 앞에서
주머니 속 알약을 만질 때

이 없고
머리털 없는 아이가
초점이 흐려진 눈 속으로 걸어들어 와
가까운 산허리에 걸린다

어서,
비워지길 기다리는 허공을 향해
꽉 잡았던 세월을 놓는다

제3부

연민

눈송이들이 병실을 기웃댄다

깁스하고 누워 있는 꼴을 보겠다고

깁스한 다리에 앉아보겠다고

아주 눕지는 말라고

함께

가야 할 길이 남아 있다고

벨 마비

꾀병 속에는 통째로 쏟아지는 깨가 살고 있다
이마에 얹어지는 따뜻한 말이 있고
깊은 걱정의 눈이 있고
병 속에 숨길 병이 있었으니

꿈을 꾼 것일까
입이 돌아가고
눈이 감기지 않는다
안면 근육이 제자리를 벗어나 다른 얼굴을 데려다 놓았다
감겨지지 않은 눈에는 인공 눈물을 넣어야 하고
침은 질질 흘러내리고

잡생각의 무게와 스트레스가 원인으로
일종의 안면신경마비라고,
의사는 항생제와 휴식을 처방으로 내렸다
며느리 자리도 아내의 자리도 엄마의, 여자의 자리도 모두 내려놓고
생각의 싹을 잘라내라는데요

그때부터 나는 G510으로 불려졌다
G510 안으로 스며들어오는 계절은
꽃의 근육은 삶의 향기는 어떻게 맞이해야 하나요
G510 속에서 스멀스멀 피어나는 그리움은 어떻게 달래야 하나요
수면제가 꿈을 가져오는 나날이여
눈물이 멈추질 않는다
정신이 돌아가기 전에 유서라도 써야 하나요

뭐라고 써야 하나요
기억나질 않습니다
어제의 어제가,
이렇게 썼다가 쓱쓱 문질러버리고

뒤틀린 나무가 아름답게 보이던 날
뒤틀린 세상 뒤틀린 대로
돌아앉은 세상 돌아앉은 대로
놀다 가면 그뿐

울다 가면 그뿐
웃다 가면 그뿐

초음파 촬영실에서

열려 있는 가슴께로 통증들이 몰려든다

평생, 종가를 이끌었던 그의 풀물 베인 시간도

진료소장의 소견서 한 장으로 너무 간단하게

가볍게 운반되어 왔을, 초음파 촬영실을 거쳐서 나온 병상
위

판독의 결과가 손에 쥐어지면 명치에 걸린 설움과 통증은

풀릴 수 있을까

풀어헤친 가슴 깃을 여미지 못한 모습으로

혹시라도 그는, 이 지상에서 저물어 가는 날들의

가난을 촬영하고 나오지는 않았을까

은유의 누드 혹은 해안통

통통통
혜안(慧眼)으로 통하는 문이 있다는데요

사계의 연주가 시작되면
장군도 앞바다가 먼저 알고 흐름을 멈춘다는데요
건반 위로 올라앉은 파도
기쁨이 되었다가
슬픔이 되었다가
에베레스트 정상을 휘어잡는 거친 호흡이 되기도 한다는데요

씨를 뿌리는 농부의 땀방울이 되었다가

암죽을 끓이는 어머니의 손길이 되었다가

통, 통, 통
가슴을 열어주는 합수부가 되기도 한다는데요

절정으로 휘몰아치던 연주는
바다를 놓아주듯
기쁨을 만지듯
맨살을 드러내기도 한다는데요

눈물이 된 사람
웃음이 된 사람
별이 된 사람
끼리끼리 통해서 통 큰 세상을 꿈꾼다는데요

통
통
통
해양 통이 되었다는데요

비렁길*에서 만난 시간

바닥에 떨어지는 빗소리가 마음에 묻히기도 한다

구부러진 길이
마음을 풀어 헤친 해무가 되어
고찰(古刹) 쪽으로 바다를 건너려 할 때

층층나무 속에서 튕겨 나온
바람의 씨알이 노니는 벼랑의 풍경

가끔은
엇나가고 싶어지는 생의 갈림길에서
지난해 놓쳐버린 봄
방풍 어린잎으로 돋아날 것만 같아져

파도는 절벽을 밀쳐내면서
위태로운 세상 이야기를 건네주기도 하는데
벼랑으로 올라오는 꿈을 키우기도 한다

---

*벼랑길의 토속어.

낙화

예닐곱 살 먹은 꼬맹이 하나
공원 화단가에 나와 훌라후프를 돌리고 있다
아직은 서툰 꽃잎처럼 자꾸 떨어뜨린다
햇살이 작은 꽃나무 위에서 한껏 요동친다
하나 둘 이파리 생생한 꽃나무들이
어디선가 우르르 모여들기 시작한다

누가 오래 버티는지 내기를 걸기도 한다
이마에 땀이 돋기 시작하는 꽃나무들

아이들이 어울려 작고도 봉긋한 엉덩이로
훌라후프를 돌리다 간 자리
붉은 꽃잎이 누워 있다

무게

드러나지 않은 세계가
궁금해지는 날이 있다

바퀴 없어도 굴러가는 것들의 안쪽이라든가
균형을 감고 도는 바람의 무게 같은 거

머금었던 향기 누이고
먼 곳을 향해 떠나가는 매화 한 송이

무소유의 삶을 살다 간
법정 스님 다비식에서 나왔을 사리 같은

짐승의 시간이 저지른 여중생 폭력과
범죄의 깊이

올림픽 성화대에서 활활 타오르는
불꽃의 중심

굴러가는 것의 양면에는
더함도 덜함도 없지 않는가
계절을 기다려 버들가지는 제 눈을 흩날린다

지킴의 미학

모판으로 뛰어든
주둥이 긴 황새 한 마리, 부리로 일구는
시간의 그늘

수세에 몰린 연전연패의 전장에서도
마지막까지 적진을 노려보는
어린 병사의 깊은 눈

아가리 벌린 포클레인이 자꾸 입맛을 다시고
뉴스가 연일 팡파르처럼 울려 퍼져도
소소한 가난 길
흑담 아래
쉰 목소리 아직 거칠거칠한
늙은 지게 작대기

채송화 붉어가는
장독대 평상 위로 저녁 밥상을 내미는
지지면서 볶으면서

간을 맞추는

여문 손끝의 어머니

빙판 위의 날개

스무 살에는 엉덩이로 방아를 찧던
본드 걸과 스케치하며 논다

최연소로 시작되는 수상 경력이
일렬로 나열되는 날이 오면
전광판 중앙을 채우고야 말겠다는 간절함이 녹아날 때
4번과 5번 사이의 경추 탈골도
디스크의 질긴 압박도
연습벌레가 뿜어내는 진한 땀방울을 범하지는 못한다

마룻바닥 같은 운동장이 닳고 닳아서 얼음판으로 미끄러질 때
점프 점프 점프
미끄러지다 멈추고 접었다 폈다
돌고 돌고 돌아서
돈연아가 되어서는

사랑 받는 아임 인 러브의 여인이 되었다가

향수에 취한 록산르의 탱고가 녹아든 맞춤옷같이 농염하면서도
007의 쌍검 앞에서는 명징하게

트리플 폴립과 트리플 토룹 콤비네이션점프로 포문을 열고
우아한 스파이 널과 트리플 러츠 그리고 이너바우에 이은 더블 악셀까지
무결점의 동작들이 만들어준 날개의 힘으로

빙판의 불모지에 얼음 꽃을 피운다

피겨의 역사를 뒤집어서 다시 쓰는 연아는

봄 한 송이

삼릉에 봄은 눈 속에서 피어난다
새벽부터 안개를 붙잡고
빛이 되는 순간을 기다린다

바람이 건너와 기다림의 시간을 허물고

내 잘못의 시간도 허물고

눈 속에
기다림의 색이 입혀질 때

찰칵

영혼을 깨운다
뒤엉켰던 안개가 풀리고
사방천지
빛내림이 시작된다

눈물도 걷히고

심연으로 피어오르는 봄 한 송이

마흔 살의 새벽녘

안개 속을 걸어서 산에 오른다
열릴 듯 열리지 않은
시(詩) 안쪽이 궁금하여 숲속으로 걸어들어 간다
침 바른 연필심에 힘주어
산정에 부는 바람을 베끼려다
어둠 부리에 걸려 넘어지기도 한다
아파할 틈 없이
발걸음을 옮겨가는데
나를 깨우려는 죽비 소리
어둠을 밝혀줄 빛 같은 것
기억 저편의 원시림 같은 것
오늘도 한 편 썼어, 물어오는 기척 속에
마음은 벌써 정상에 올려놓고
흔들리는 보폭마다 안개, 밟힌다

응시

원서를 쓰고 있는 백조
생각을 잘라낸다

연봉을 잘라내고

휴일을 잘라내고

또

또

무엇을 잘라낼까

의자

갯벌을 뒤집어쓴 의자
하늘에 등 기대고 몇 생각 되작거린다

의자가 키웠던 햇빛이며
햇빛마저 빠져나간 그늘이며
사방으로 흩어졌다 다시 모이는 구름들

어제 내린 여우비 의자 위에서 앓는다

뜨거움을 키우기 위해 햇빛 늘렸을 의자
세월의 그늘에서 중심이 된 의자

중천을 떠도는 한낮의 무게와
햇빛 달빛 한 올까지 가슴에 안아
제 그늘 넓혀 가는 감나무 집

바다는 가깝고도 멀고
파도 소리 항시 제자리인데

우주를 앉히고도 끄떡없는 어머니

어머니

모종에게 먹이다

모내기 막 끝낸 논에서 애기 울음소리가 들린다

텔레비전에서 가끔, 모유 수유의 캠페인이 잡히기도 하는데

모종들은 실바람에게도 몸을 가누지 못하고 부대낀다

농부는 논두렁으로 달려 나가 마지막 한 방울까지 젖을 짜내고 있다

어린 것들이 팔을 벌리고 그녀의 품으로 파고든다

대체로 농부의 목덜미는 햇볕 아래서 붉다

모들이 자라, 쌀이 되는 날이 오면 젖멍울처럼 희고 또렷한 그것들에게선

초유처럼 머언 단내가 난다

제4부

섬진강을 굽다

흐르는 강물도 마주 앉으면 친구가 되는가

벗들을 불러 앉힌 석쇠 위에는 민물 짠물 한 몸에 거느린 섬진강과 갈라지고 휘어진 일상들이 구워지고 벚굴도 올려진다. 길고 구불구불한 길을 따라 엇박자로 흘러가던 노랫가락이 강가를 기웃거리기도 한다. 도회지 골목을 걸어 나온 물결이 야생의 언덕 쪽으로 물꼬를 틀 때, 강물 속으로 걸어 들어 간 산 그림자는 벚꽃의 품신을 데려오고 달빛에 취한 그네들은 강물을 쥐었다가 풀어놓기도 한다

나를 닮은 얼굴
내가 닮고 싶은 얼굴

강물이 흰 꽃으로 핀다

꽃의 넋두리는 굳은살이 박여 있는 도시의 손바닥을 쉼 없이 만져주고 석쇠가 닳도록 따뜻한 말을 구워낸다 하늘도 몇 젓가락씩 나눠먹는 꽃잎, 벗들은 꽃잎을 늘려가면서 구워지고 있다

맛보다니요

중산리를 출발하였거나
화엄 줄기를 박차고 올라
변화무쌍한 천왕봉 얼굴을 만졌다고 해서
지리산을 맛보았다니요

벽소령 달빛에 몸을 맡기고
쏟아지는 별빛 위에서 무박을 하였거나
연하천 강보 싸여 일박을 했다고 해서
지리산을 맛보았다니요

구름의 자리라든가
하늘로 뻗어가는 적막의 소리를 듣지 못하고
거미줄에 걸린 한낮의 태양을 읽지 못하고
걷기에만 열중했던 그대가
지리산을 맛보았다니요

햇살이 컹컹 울 것 같은 맑은 날
운무에 마음을 얹어놓고

비정규를 앓고 있는 지상의 나무가 되어
첩첩의 봉우리가 되어
무거운 슬픔을 짊어진 채 종주를 했다고 해서
지리산을 맛보았다니요

두류산 방정산 지리산
한 마음이면서 다른 이름으로 불리는 것은
함께 살면서도 온전한 맛을 알 수 없는 부부처럼
따로 또 같기도 하였을
세상의 첫 자락을 맛보다니요

무엇이 된다는 건

올라야 할 봉우리가 보이지 않을 때가 있다
돌아가야 할 길이 보일 때가 있다

환한 낮에 걸었던 기억을 밝히고
한 걸음 한 걸음 걷다 보면
아직 잠 깨지 않는 것들의 안쪽에는
마음껏 부푼 꿈들이 상상봉을 넘어가기도 한다

지난날
무심히 흘려보냈던
어떤 순간들이 나에게도 있었던가

꽃피려는 절정의 순간에
난데없이 멈춰 서는
감기지도 풀리지도 않은 채
어둠이 상영되는 인생의 옛 필름처럼

등줄기 쪽에서 한 땀 추억이라고

앳된 얼굴로 차르르 안겨준다면

그 속으로 내쳐 들어가
흑백의 시간까지 열어두고
새벽보다 짙은 어둠이 되어도 좋겠다고 여겨질 때
올라야 할 봉우리는 여기인가 싶어졌다

처용의 목탁 소리

달빛이 절문을 두드린 순간부터 다리 꼬는 버릇이 생겼다

두 그루 육중한 그늘이 천자암* 마당에 엉켜 있을 때

목탁 소리가 살아났다

달빛에 감겨 있는 것이 꼭 사람의 그것과 닮아 있다

쌍향수는 어둠이 엷어지는 새벽이 와도 떨어질 줄 모르고

몸속 둥근 궤도에 다리를 올려놓고

향을 피워대고 있다

달빛이 말을 걸어오는 시간이 오면

처용은 목탁을 세게 두드렸고

어느 가파른 곳을 지나

마음 놓고 꼬지도 풀지도 못한 세상을 건너와서

불심으로 눈을 새겼다

사랑하기 때문에 헤어진다는 말은 하지 않기로 했다

달빛 젖어드는 걸음이 문구멍을 막아설 때

한번 감긴 것은 쉽게 그 맛을 덜어내지 못하고

앙팡지게 감아올리고 있다

귀퉁이가 닳은 목탁이 달빛을 두드리고 있다

---

*송광사에 접해 있는 암자, 쌍향수나무 천연기념물 제88호로 지정.

천년의 소리

경주 남산에는 천년의 소리가 살고 있다
콧잔등을 열어놓은 채
묵언수행 중이다
손발이 뭉개지고
삼층 석탑으로
사층 돌탑으로
약사여래 보살로 살고 있다
가늘게 열린 눈 속에는
봄이 오는 소리
영혼의 소리가 가득하다
세상으로 열려 있는 귀는 깊이를 더해가고
뭉개진 입술 위에 내 입술을 얹어놓을 때
독거의 소리라든가
공(空)의 소리
해탈의 소리가 다가온다
무량 한 채 세월 속에서 걸어 나온다

뒷모습

대나무 평상에 앉아
다문다문 쏟아지는 햇빛을
풍경 소리와 나눠 마신
노스님

논두렁에 굽힌 하루
막걸리 한 사발로 풀고
찬물에 부은 발을 씻던
명자네 작은아버지

고요 속에
눈알마저 내어주고
듣지도 보이지도 않는 곳까지
내쳐간 추기경

한세상 가만히 다녀간
등 넓은 보증수표 같은
아버지

사성암*

강물이 세 들어 사는 옹벽을 좇아
시선이 옮겨가는데
송구한 마음이 스쳐졌다

원효 손톱으로 그렸다는 마애 얼굴
뾰족해지는 마음을 둥글게 다스리고
세상 시선들이 화엄의 피아골로 떠날 때
사성(四聖)이 빚어낸 독경 소리를
물낯으로 새긴 섬진강

돌탑을 돌아 나온 구름이
천의 얼굴로 떠돌고
중턱에 이르러서야 옹벽으로 완성되어지는 성

눈망울에 물빛이 번진다
사성암이 키우고 있는 섬진강
시 속에 풀어내려는 마음과
옹벽처럼 단단해진 강물의 유영을 향해

삼배를 올린다

마애 얼굴이 물빛을 띤 이유를 묻지 않았다

---

*전남 구례군 죽마리 오산(鼇山)에 있는 절. 『사성암사적(四聖庵史蹟)』에 4명의 고승, 즉 원효(元曉), 도선국사(道詵國師), 진각(眞覺), 의상(義湘)이 수도하였다고 하여 사성암이라 부른다.

하화도

문학기행이라는 거창한 포장 따위는 필요치 않았다
시간을 돌아 나온 어스름으로
꽃을 피우는 섬이 있다
사륜구동에 꽃을 태우고 다니는 이장님과
백발의 솜씨로 음식 꽃을 피워내는 부녀회장이 아니더라도
고향 문턱을 넘어가듯
남실남실 꽃 마실 가고 싶은 섬이 있다
수평선 넘어 오는 바람
한나절 감고 돌아도 시들지 않는 이야기꽃과
한 번도 꺼내지 못한 속내를 슬쩍 내려놓아도 좋을 섬
식물도감에 실려 있는 꽃말은 알지 못해도
육지에서 굴러온 나를
꽃으로 받아주는 섬
젊음의 패기는 썰물처럼 빠져나가고
빈집에 구절초가 웃고 있다

사람을 으뜸으로 피워주는 섬이 있다

남해

처마 귀를 말아 올린
지붕의 둘레를 가진
양지쪽 마을을 지나다 보면

해풍 속에서 밑이 굵어진다는
남해의 마늘밭

푸르게 일렁이기도 하였던가

날마다 아름다운 저녁이 아니라도
매일 별이 뜨는 자리에 위치한 포구 쪽으로
늙은 자전거 한 대 휘청거리며 건너가면

이방의 눈으로 되짚어보는
시간을 거슬러서
한번쯤 들춰보고 싶어지는
바다의 1막 2장

보리밥 성찬

조계산 아궁이 쪽으로
서둘러 마음의 불기를 지폈던 것은
문학기행이라는 허울 좋은 놀음 때문만은 아니었다

휘어진 소나무 가지를 붙들고
숨을 고르는 길 위의 초년병들과
떨어져 나간 구두 굽처럼 실직을 감당하는 양복쟁이들도
한 됫박 땀을 쏟아보기는 참으로 오랜만이라며
바람의 기척으로 능선을 오르고 있다

스치는 눈길만으로도 서로의 반려가 되어주고
뼈아픔의 시간이 동행이라는 이름으로 어우러질 때

쉽게 섞일 것 같지 않던 닫힌 생각과
아파트 콘크리트 식욕으로는 채울 수 없었던
가마솥 인정이 넘쳐난다

설익어서

까실거리는 밥이 되지 못하였던 나도

한 톨의 보리알이 되어 섞여지고 있었다

와온* 갈대 나라에서

가느다란 발목의 하루가
시린 잇몸을 드러내고 있다
홑겹으로 서서
물 장화도 없이 갯일 다녀온 당신처럼
메마른 떨림이다

허연 허벅지까지 말아 올린 뻘밭에서
바다를 붙들고 있는 농게와
눈알이 봉분처럼 튀어나온 짱뚱어를 훌치다 보면
골절된 아버지의 약 봉투가 바스락거리기도 하였다

바다가 나의 생각과 생각을 어루만지다
잠시 떠나가듯
갈대는 저녁의 한때를
어머니 처진 어깨 위에 내려놓는다

바다 모서리에 박힌 당신을 본다
바람이 목젖을 드러내기 시작하고

내일 아침
기온이 뚝 떨어질 거라는 갈대 전언
물 장화 한 켤레 서둘러 장만하러 간다

---

* 일몰이 아름다운 순천시의 바닷가 마을.

하동 송림(松林)

소나무 머리는 죽을 때까지 초록이다
허공이 멀어질수록 푸르름이 더해 온다
뿌리 가까이에 와서는 일몰의 색이 간간히 배어 있다
바람 속으로 무수한 빛이 몰려들고
소나무는 혼자인 듯 여럿이 둘러섰다
군락을 이루어도 클라우디 가족은 왠지 고독하였다
이따금씩 나무의 품에 안기는 하늘과 강바람이
나무의 심장을 어루만져줄 때
소나무도 물이 떠나온 상류를 그리워한 적 있었을까
진종일 강가를 거닐면서 먹이를 찾던 검은 손은
어스름을 데리고 솔숲에 안기기도 하고
날아갈 길을 가늠하기도 하지만
생의 방향은 늘 일정하지 않았다
물결 속 깊은 곳까지 푸르른 그림자를 늘여보지만
소나무는 쉽게 제자리를 벗어나지 못한다
편견이라는 동물이 와서 가지 몇 개를 잘라 간다 하여도
소나무 뿌리는 여전히 깊다
푸르름을 마친 한 그루 소나무가 어떤 일생으로 살다 가는지

그 배후에 대하여
더 이상 궁금해 하지 않기로 하였다

발설 혹은 발문

마음의 갈피마다 봉우리가 솟아 있다
팔영산을 오르기 시작한 것은 어둠이 눈뜨기 전이었다
대지의 눈들은 깊은 생각에 잠겨 있고
하루의 문을 열기엔 촉각의 냉기가 선명했다
발설이라는 말을 뒤집기라도 하듯
한 발 앞선 당신 뒤에서 기억을 더듬는다
생각의 깊은 곳을 휘젓던 헛발질이 말을 걸어오기도 한다

잔설에 어려 있는 기억의 첫 봉에서
밧줄을 당겨주고 엉덩이를 받쳐주던
떡잎 같은 떨림이 살아난다
봉우리가 더 높았으면 높았으면
바위 같은 속 떼를 써보기도 한다
말을 더듬는 횟수가 잦아지고
발의 기억이 제 속도를 찾을 무렵
가파른 생을 건너뛰기도 한다
생각의 무늬가 뛰어다니면서 팔봉에 올랐을 땐
꿈같던 시간이

선명한 봉우리로 우뚝 솟아 있다

생의 처음으로
팔영산에 오른 기분이 어떠냐고 물어오는 당신 앞에서
처음은 아니었다고
떡잎 같은 동행이 있었다고
발설하지 못했다

이별의 골짜기

낫을 갈아 하얗게 벼리어 놓고
예초기에 기름칠 할 때
한 면을 사이에 두고 삶과 죽음이 공전하는
신들의 거처,
히말라야 산맥이 화면을 스쳐 지나간다

뇌졸중을 지고 떠났던 아버지는 계곡을 좋아했다

봉우리 같은 식구들을 두고
골짜기 깊숙이 찾아 들어앉은 슬픔은
무덤이라는 새로운 몸을 얻어 살아가고 있다

기침을 참는 말벌 옆에서
구름의 그늘을 둥두릇이 덮어쓰고
그리운 세월을 불러 세운다

지상에 없는 적막의 시간이 쌓였다 흘러가고
신들이 내지르는 괴성 같은 것이

예초기 칼날에 실려서 들려왔다

제 몸에 돋은 이파리를 쳐서
여기저기 흩어진 손들을 모아놓고
눈물의 지휘봉이 되어 신들의 영역으로 돌아가려 할 때
햇빛 맑은 공중을 데리고 잠시 눈을 감아준다

이별은 아무것도 쉽게 보여주지 않는다

저를 본다는 건

함께 마주보며 흘러가자던 삼백 년 세월은 머물러 있다

삼백 살 벚나무는 강물 속에 누워 있는 반쪽을 생각한다

한세상 마주한 분신 같은 것

푸른빛도 옹이진 세월도 여과 없이 비춰주는 아내 같은 것

물들면서 떨쳐내면서 다시 푸르러지는 것

쌍계사 입구에서 피어나는 동자의 미소 같은 것

삼백 년이 하루 같은 것

해설

폐허와 자연과 정치적 상상력의 언어

조동범 시인

자연은 일반적으로 부정보다는 긍정을, 죽음보다는 삶을, 폐허보다는 생성을 의미한다. 그러나 예술 작품에서의 자연은 이와는 반대로 부정의 정서와 감각을 통해 재현되는 경우가 많다. 자연은 이제 더 이상 과거의 아름다운 대상으로서의 존재가 아니다. 비극적인 세계인 현대성이 도래한 이후, 자연 역시 비극적인 세계 속으로 전락해버렸기 때문이다. 자연은 이미 양식(style)을 잃어버렸으며, 따라서 우리는 그곳에서 원본으로서의 가치를 지니고 있는 의미 있는 삶과 세계를 발견할 수 없게 되었다. 그리하여 현대성이 도래한 이래 자연을 비롯한 우리 삶의 모든 것들은 비극이라는 현실 앞에 좌절을 경험하게 되었다. 현대성은 비극을 전제로 시작된 개념이다. 따라서 현대성과 연관된 것들은 비극적 세계와 불가

분의 관계를 맺을 수밖에 없는 것이다. 이것은 자연 역시 마찬가지여서, 현대성 이후의 자연은 비극 속에 자신의 전존재를 드러낼 수밖에 없게 되었다.

아울러 자연은 그 자체로 긍정보다 부정의 세계를 제시할 때, 유의미한 미적 감각을 재현하는 것이기도 하다. “아름다운 나무가 아니라 타오르는 나무일 때” 의미가 있다는 바슐라르의 말처럼, 자연은 부정의 정신을 통해 우리 앞에 예술적 감각과 사유를 드러낼 수 있는 것이다. 예술에서의 자연은 언제나 (특히 현대에 이르러) 부정과 폐허 위에서 고유의 미학을 지닐 수 있게 된다. 그런 점에서 자연은 더 이상 미적 존재가 아니며, 근대 이전에 지니고 있었던 신화와 철학의 영역을 지니고 있는 존재가 아니다. 그곳에서 우리가 발견할 수 있는 것은 단지 세계의 황폐함뿐이며 상처받은 자의 고통과 비극일 뿐이다.

> 철거라는 꽃이 그들을 붙들었다
> 피 냄새가 살고 있는 세상을 돌아
> 어둠이 된 몸을 끌고 철거촌에서 저물었다
> 힐긋거리는 세상의 시선들은
> 비뚤어진 쓰레기통에 쑤셔 박고
> 최초의 집이라도 되는 듯 두 발을 뻗어보는데
> 죽음이란 놈이 먼저 와서 꽃을 번역하고 있다
> 길길이 날뛰던 아내도

무뎌진 발톱과
속울음까지 닮아 있는
길고양이들의 문패를 만져보면서
낯설지 않는 이름들을 끼워 넣는다
검둥이 삼색이 영식이 영철이
85호 크레인보다 높은 잠
마음이 한 움큼씩 뽑혀 나오는 잠
하늘을 조몰락거리면서 아파트 시세를 향해 부채질하는 저녁
도시의 잉여존재로 남겨진 그들은
정책이 피워낸 꽃의 말을 해독하지 못하고
자세가 흐트러지길 끈질기게 기다리는 청기와 앞에서
꼿꼿한 감정의 페이지를 번역하고 있다
죽음이란 말도 어쩌지 못하는
붉은 스프레이의 꽃잎을 탐독하려 한다.

—「꽃을 번역하는 저녁」 전문

식물성이 폐허와 관계하게 될 때, 식물성의 세계는 그 어떤 것들보다 극한의 고통 속에 놓이게 된다. 연약한 식물성의 이미지는 폐허 앞에서 가장 쉽게 무너지는 것이다. 식물성의 세계가 폐허를 이길 수 있는 방법은 쉽게 찾을 수 없다. 폐허의 모습은 "피 냄새"이거나 "어둠"이거나 "죽음"이다. "죽음이란 놈이 먼저 와서 꽃을 번역하고 있다"에서처럼 극한의

고통과 폐허는 식물성 앞에 가장 먼저 모습을 드러낸다.

김정애 시집 『꽃을 번역하는 저녁』은 시집 전반에 자연이 주요한 소재로 등장한다. 물론 자연 자체를 주제로 삼은 것은 아니지만 시집 전반을 관통하는 주요 정서는 자연으로부터 비롯된다. 이때 시인이 인식하는 자연은 앞서 밝힌 것과 같은, 비극과 폐허로서의 그것이다. 그런데 김정애의 자연은 단편적인 비극과 폐허의 지점만을 보여주지 않는다는 점에서 시인만의 확고한 개성을 보여준다. 김정애의 자연은 우리가 일반적으로 인식하고 있는 자연물로서의 자연뿐만 아니라 다양한 시적 의미로 확장된다. 김정애의 자연은 비극과 폐허의 일반적 세계일 뿐만 아니라 때로는 정치적, 사회적 상상력과 연결되기도 하고 개인적 삶의 국면과 연결되기도 한다. 그에게 자연은 시적 세계 전반을 파악하고 드러내는 중요한 지점이다.

노인이 담장을 허물고
변기를 늘리는 사이 송아지는 젖을 빨고 있다
산이 수유하는 자세로 그늘을 넓혀갈 때
사람들은 엉덩이를 깔고 앉아
밤의 해변에서 혼자서 베를린을 흔들었다는 여우주연상의 똥과
세월의 환풍기 밑에서 입을 닫고 있는 아시아 나라의 여대통령 똥과

한번 올라가면 내려갈 줄 모르는 장바구니 똥을 싸질
러댄다
내 것 네 것 경계 없이 어우러진 똥

—「산동 산 똥, 산수유」 부분

현기증이 이는 수면 아래를
이제 막 올라선 해녀의 잠수복에도
바다가 물기에 젖어서 번들거린다

한동안, 바다 이야기 속에서 지냈다
4월의 바다 팽목항의 바다 수학여행의 바다

물 기척 일렁이는 푸른 사연들
목숨까지 닿아 있는 수심 이야기는
경건함까지 닮아 있다

—「봄비는 무언가를」 부분

2000년대 후반, 시단은 정치성에 대한 논의로 뜨거웠다. 80년대가 저물며 논의가 약화되었던 정치성과 사회성에 대한 고민이 2000년대 후반 촛불 정국을 기점으로 본격적으로 논의되기 시작했다. 이후 시적 정치성은 우리 시단의 중요한 화두가 되었으며 그것은 지금도 현재진행형이다. 김정애의 시는 시적 정치성을 강하게 드러낸다는 점에서, 현실에 대한 발언이 이 시집의 가장 중요한 목소리라고 할 수 있다. 여기에 더하여 이와 같은 시적 정치성을 미학적 측면에서 구현하고자 했다는 점에서 이 시집은 고유의 미학적 가치를 부여받게 된다고 볼 수 있다. 이때 주요하게 등장하는 것 역시 자연인데, 시인은 자연에 시적 정치성과 사회성을 접목시키는 노력을 통해 정치성과 미학성을 아우르려고 한다.

일찍이 자연과 시적 정치성은 일제강점기 아나키즘 문학론에서도 그 흔적을 찾아볼 수 있는 것이다. 다만 일제강점기 아나키즘 문학에서의 자연이 정치성을 드러내는 수단이 아닌, 기존 시단에 쉽게 편입되기 위한 방편이었던 반면, 김정애의 시 속에 등장하는 자연은 보다 직접적으로 정치성, 사회성과 관계를 맺는다. 그럼으로써 김정애 시의 자연은 정치성, 사회성의 반대 지점에 머물지 않는다. 김정애에게 자연은 자신의 시적 정치성과 사회성을 전달하는 중요한 매개체이자 미학적 완결성을 구현하는 시적 도구인 것이다. 김정애는 「산동 산 똥, 산수유」와 「봄비는 무언가를」에서와 같이 정치적, 사회적 발언을 직접적으로 드러낸다. 이때 이와 같은 정치적, 사회적 상상력은 여타의 미적 국면과 어우러지면서 완성도 높은 미적 구조를 만들어낸다.

> 캄캄한 나라가 꽃을 먹는다
> 한 송이

두 송이
한꺼번에 수백 송이를 먹어치운다

보름달 같은 꿈을 거느리고
나물 캐러 다니던 열네 살 꽃송이들

적국에게 몸을 바치라니요

—「시들지 않은 꽃」 부분

닭 삼십만 마리가 살처분되고
갓 부화한 오리 사십만 마리가 밀쳐졌다
피비린내 나는 풍경에 눈을 베인 목련은 아직 잎을 내지 못하고

(중략)

꽃의 부리는 먼 곳을 향해 열려 있다
붉은 꽃잎이 죽음으로 져서 쌓이는
살아온 날들 중에서 가장 아픈 봄이
저만치에서 피고 있다

—「붉은 목련」 부분

김정애의 자연은 역사적 언급이나 사회 현상의 끔찍한 국

면을 조명하기도 한다. 이러한 지점 역시 정치적, 사회적 상상력의 소산인데, 시인의 관심사가 정치 너머의 지점까지 아우르게 되면서 그의 시적 세계는 보다 확대된 지점을 우리 앞에 펼쳐보이게 된다. 그의 발언은 아직도 끝나지 않은 역사의 아픈 지점을 파헤치며 그날의 상처를 우리에게 보여주고자 한다. 이때 등장하는 자연물은 다름 아닌 꽃이다. 일견 고통의 주체가 꽃으로 상징화되었다는 점에서 식상한 듯 보이기도 하지만 시인은 절실함의 언어와 특유의 미적 인식을 통해 꽃의 진부함을 극복해낸다.

「붉은 목련」의 경우 현대성과 인간 중심적인 삶이 만들어낸 끔찍함을 제시한다. 수십만, 수백만 마리의 동물이 매몰되는 광경은 비극이라는 단어의 어감을 훌쩍 뛰어넘는, 상상을 초월한 살육의 현장이다. 김정애는 우리의 인식의 한계를 뛰어넘는 죽음을 목도하고 재현함으로써 우리 앞에 모습을 드러낸 폭력의 실체를 제시하고자 한다. 그런데 그러한 폭력과 살육의 현장은 어느새 봄이라는 시어 속으로 수렴된다. 이때 김정애의 봄은 살육의 반대 지점에서 비극적 정서를 극대화하며 우리 앞에 낯선 봄을 풀어놓는다.

자연이 폐허와 관계를 맺으며 우리 삶의 파국을 이야기하는 것처럼, 김정애의 시는 봄을 비극과 부정의 순간으로 인식하고 있다. 봄에 대한 이러한 인식은 보편적인 시적 사유 양상과 일정한 거리를 두고 있는 것이다. 일반적으로 봄은 긍정의 대상이며, 부정의 대상으로 제시되는 경우에도 그것이 극단적인 양상으로 재현되는 경우는 드물다. 그런데 「붉은 목련」에 등장하는 봄은 수십만 마리의 동물이 몰살당하는 죽음의 현장과 맞닿아 있다. 그와 같은 죽음의 현장은 우리가 보편적으로는 상상조차 할 수 없는 크기의 비극을 동반하는 것이다. 그런 점에서 자연과 연관된 김정애의 비극 인식은 여타의 시에서 쉽게 발견할 수 없는 비극적 개성을 지니게 되는 것이다. 시인 스스로도 "살아온 날들 중에서 가장 아픈 봄"이라고 고백하며 비극적 봄을 사유한다. 그리하여 김정애 시의 자연은 이러한 비극이 도처에 널려 있는 도시 공간과 직접적인 연관 관계를 맺기도 한다.

자동차는 달린다, 라는 공식은 편견이다
새벽시장에 멈춰 있는 트럭에는
채널이 떨어져 나간 흑백텔레비전과
양은 실밥이 터진 밥상
초도군도가 그려진 이부자리가 펼쳐져 있다
철새보다 앞질러 추위 속으로 날아야 하는 가장은
언 발을 녹이는 흑두루미 가족의 시간
터를 닦아 오두막이라도 한 칸 올렸으면 싶은데
텃새들의 비아냥거림 때문에 텅 빈 바퀴를 돌려야 했다

—「바퀴의 거처」 부분

바다가 펼쳐 보이는 갯벌을 보듬고
남해안 깊숙이 들어앉았다
꼬막 몇 개 집어 드는데
뻘이 입 안으로 걸어 들어온다

70평 뉴타운 아파트에는
눈빛 한 점 섞이지 않는
무늬만
무늬만
부부로 살아가는 사람들이 있다는데

—「무늬만」 부분

김정애의 자연은 그것이 정치성을 내포한 것이든 아니든 단독자로 등장하기보다 현대성과 끊임없는 관계를 맺으며 나타난다. 그리고 이러한 자연과 연계된 도시의 모습은 김정애의 시 곳곳에 출몰한다. 오늘날 자연은 더 이상 자연만으로 존재할 수 없다. 현대성은 도시성과 동일시되며, 이때 자연은 부차적인 대상으로 전락해버린다. 김정애 시 역시 자연이 중요한 역할을 수행하는 것은 분명하지만, 여기에서의 자연 역시 지속적으로 현대성의 비극과 관계함으로써 자연 자체의 이야기를 벗어나게 된다. "철새"와 "텃새"는 "흑백텔레비전"과 "양은 실밥이 터진 밥상", "이부자리" 등과 관계를 맺으며, "바다가 펼쳐 보이는 갯벌"은 "70평 뉴타운 아파트"와

오버랩된다. 그런데 사실 이와 같은 현대성과의 관계는 정치성, 사회성과의 상관관계와 다르지 않은 현실 인식에서 비롯되었다. 그런 점에서 김정애 시 전반은 현실에 대한 깊은 통찰의 산물이라고 볼 수 있다. 다음의 시들은 시인의 정치적, 사회적 관심사의 다채로움을 보여주는 작품이다.

> 강을 퍼 올려 바닥을 뭉개고
> 바닥을 뭉개서
> 다시 강을 살리겠다는 헛수작의 풍문 곁으로
>
> —「삽의 노래」 부분

> 열대야를 달구는 한 노인의 이십구만 원 정체는
> 창고에 꼬라박아 두었던 고가 미술품보다도
> 해외로 도망나간 조세피난보다도
> 말을 제대로 풀지 못한 혀 때문이었다
>
> —「단단한 혀」 부분

> 새벽을 여는 연평도 꽃게들이
> 총구 늘어선 북방한계선에서도 물마루를 넘는 꿈을 꾸는
>
> —「끈」 부분

김정애의 시집은 정치성에 대한 시적 발로이며 시인의 의

지이다. 그러나 정치적, 사회적 상상력에도 불구하고 그의 시는 미적 양식의 재현이라는 점을 소홀하게 다루지 않는다. 그에게 사회는 거대한 비극으로서의 장이기도 하지만 비극적 세계관이 시작되는 장이기도 하다. 그가 펼쳐놓는 정치적, 사회적 상상력은 전직 대통령에 대한 언급, 노동 문제, 세월호, 대북 정책, 4대강에 이르기까지 다양한 측면에서 거침없이 전개된다. 이러한 정치적, 사회적 상상력은 그러나 직설적인 발화 방식 때문에 미적 측면에서의 성취를 이루기 쉽지 않은 것이기도 하다. 하지만 김정애의 시는 감각과 감정을 시 안에 적절하게 녹여냄으로써 미적 인식과 형식을 포기하지 않는다.

우리 시에 등장한 형식과 내용에 대한 논쟁은 근대 시사와 함께 시작된 것이다. 형식, 내용 논쟁은 이후에 참여, 순수 논쟁 등으로 전개되는 등, 한국문학사의 끝나지 않는 논쟁거리였다. 보통 이와 같은 두 진영의 문학적 입장 차이는 실제 작품 형식의 차이로 나타나기 마련인데, 그런 만큼 두 진영의 입장을 하나의 작품 안에 수용한다는 것은 창작 방법론의 측면에서도 상당히 어려운 일일 수밖에 없는 것이었다. 그런 점에서 두 지점을 아우르려고 하는 김정애의 시도는 중요한 가치를 지니는 것이다.

강물은 흘러가면서 무슨 생각이라도 있는 걸까

함부로 얼굴을 보여주지 않는
너무 멀어서 더딘 순금의 정신

죽음으로 완성되는 한 편의 詩가 있다면
불꽃의 혀로 데이고 싶다
굳게 껴안은 손목도 풀지 않고

—「뜨거워지려는 순간에는」 부분

김정애의 시가 끈질기게 천착하고 있는 또 다른 문제는 죽음이다. 그에게 죽음은 하나의 일생을 마무리하는 것이기도 하고, 죽음이라는 마지막 순간을 통해 회고하는 삶의 영역이기도 하다. 김정애는 죽음의 장엄한 순간을 호명하며 그것이 전달하는 삶과 죽음의 관계를 파악하고자 한다. 그런데 이때 죽음에 대한 시인의 인식은 정치적, 사회적 발언과 유사한 듯 다른 면모를 드러낸다. 정치적, 사회적 발언이 그것들을 부정하기 위한 언어였다면, 죽음에 대한 발언은 죽음 자체를 거부한다기보다 죽음을 통해 삶의 어느 순간을 파악하려는 태도가 돋보인다. 그리하여 김정애의 죽음은 오로지 비극만을 위해 복무하는 것이 아니다. 그에게 죽음은 삶과 세계를 보는 창의 역할을 수행하는 것이리라.

아버지는 대가리부터 와작 씹는다
어금니가 있어야 할 자리에 가시가 박혔는지

꿀떡 삼킬 순간을 놓쳤는지
불편한 기색이 느린 숟가락 놀림으로 얼보무려진다

—「전어」 부분

아버지 등에는 나이테 선명한 뿔이 살고 있다

뿔은 아버지의 역사
그의 영광이자 노역의 영수증 같기도 한,

아버지가 아니라도
누구에게나 제 몸 어딘가엔 뿔 하나씩 돋아 있다

—「뿔」 부분

아파할 틈 없이
발걸음을 옮겨가는데
나를 깨우려는 죽비 소리
어둠을 밝혀줄 빛 같은 것
기억 저편의 원시림 같은 것

—「마흔 살의 새벽녘」 부분

시집의 후반부에는 아버지를 중심으로 한 가족사와 시인 자신이 화자인 작품이 주를 이룬다. 하지만 그의 시집이 상투적인 가족사에 매몰되어 있는 것은 절대 아니다. 김정애

시의 또 다른 가치는 가족사 등을 다루는 그의 시가 가족 너머의 외연을 끊임없이 제시하고 있다는 점이다. 이것은 시인 자신인 화자의 발화가 중심이 되는 작품에서도 마찬가지이다. 후반부의 작품이 전반부의 작품보다 정치성, 사회성이 약화된 듯 보이기도 하지만, 시에 대한 근본적인 태도에는 변화가 없다.

2부에 수록된 시들은 아버지에 대한 언급이 유독 눈길을 끈다. 그런데 이때의 아버지는 시에서 흔히 나타나는 시적 가족사와 다른 모습을 지니고 있기도 하다. 아버지에게 집중되어 있는 가족사는 개인사의 영역이기도 하면서 동시에 질곡의 역사와 맥을 같이하는 것이기도 하다. 따라서 2부의 시를 가족사에 국한시켜 해석할 필요는 없다. 2부의 시 역시 1부의 연장선상에서 확대된 시적 외연을 근간으로 한 것이기 때문이다. 또한 3부 이후의 시는 시적 화자인 나를 중심으로 작품이 전개되는데, 이 부분 역시 2부와 마찬가지로 개인사에 머물지 않고 외부에 있는 세계와 끊임없이 관계를 맺으려 한다.

김정애 시집 『꽃을 번역하는 저녁』은 이처럼 정치적, 사회적 상상력으로부터 가족과 세계의 문제로, 그리고 나를 중심으로 한 개인적 감수성에 대한 것으로 시인의 관심사를 배치한다. 거대한 정치적, 사회적 상상력으로부터 작은 지점을 향해 모여드는 이와 같은 시집의 방향성은 그러나 축소지향적인 것이 아니다. 오히려 『꽃을 번역하는 저녁』은 각각의 부에 펼쳐진 세계를 통해 세계와 개인, 사회적 삶과 개인적 삶의 관계를 파악할 수 있게 한다. 그런 점에서 『꽃을 번역하는 저녁』의 모든 시적 지향점은 정치적, 사회적 상상력에 방점을 두고 싶은 시인의 의지의 산물이라고 볼 수 있을 것이다. 아울러 정치적, 사회적 상상력의 근간에 개인의 모든 이야기가 자리하고 있음을 밝히고 싶은 시인의 의지이기도 할 것이다.

이 도서의 국립중앙도서관 출판시도서목록(CIP)은 서지정보유통지원시스템 홈페이지(http://seoji.nl.go.kr)와 국가자료공동목록시스템(http://www.nl.go.kr/kolisnet)에서 이용하실 수 있습니다.(CIP제어번호: CIP2017016066)

문학의전당 시인선 0260

꽃을 번역하는 저녁

© 김정애

초판 1쇄 인쇄 2017년 7월 12일
초판 1쇄 발행 2017년 7월 19일
지은이 김정애
펴낸이 고영
책임편집 서윤후
디자인 헤이존
펴낸곳 문학의전당
출판등록 제2017-000002호
주소 서울시 마포구 마포대로 11길 91, 3층
전화 02-852-1977 팩스 02-852-1978
전자우편 sbpoem@naver.com

ISBN 979-11-5896-328-6 03810

* 잘못 만들어진 책은 바꿔드립니다.
* 이 시집은 2017년 한국문화예술위원회와 전남문화관광재단의 문예진흥기금을 보조받아 발간되었습니다.